Redewendungen

Redewendungen
der deutschen Sprache

Gesammelt und erläutert von Melanie Koßmann

Capt. Swings
geheime Bibliothek

Inhalt

Der ist im Eimer

Vorwort

Die Idee zu diesem Buch entstand bereits vor einigen Jahren.

Mein ehemaliger Chef, ein türkischer Landsmann, der die deutsche Sprache bereits gut beherrschte, war gerne gewillt, hin und wieder eine Redewendung in seinen Sprachgebrauch einfliessen zu lassen.

Wenn er eine Phrase falsch benutzte, sorgte dies stets für einige Lacher und Heiterkeit am Arbeitsplatz.

Deshalb habe ich die wichtigsten, aber auch die komischsten Sprüche, mit Bedeutung und Herkunft zusammen gestellt. Damit zukünftig niemand mehr ins „Fettnäpfchen tritt" oder etwas „in den falschen Hals bekommt".

Melanie Koßmann

Ins Fettnäpfchen treten

Bedeutung: Jemanden unbedacht kränken, etwas erzählen oder fragen, was dem anderen unangenehm ist, eine Situation in der jemandem ein Missgeschick passiert.

Herkunft: In früheren Zeiten befand sich in jedem Haus eine Schüssel mit Stiefelfett zwischen Eingangstür und dem Ofen. Eine andere Variante ist, das Wurst an der Decke zum Trocknen aufgehängt wurde und das abtropfende Fett in einem Schälchen darunter aufgefangen wurde. Wenn jemand aus Versehen in eines dieser Schälchen hineintrat, verschüttete er das ganze Fett auf dem Boden und verursachte so eine ärgerliche Säuberungsaktion für den Gastgeber.

Abends werden die Bürgersteige hochgeklappt

Bedeutung: Am Abend ist nichts mehr los. Es ist keine Möglichkeit gegeben etwas zu unternehmen, alle Läden sind geschlossen, es sind keine Menschen mehr unterwegs.

Herkunft: Im Mittelalter schüttete man den Inhalt des Nachttopfes in der Nacht einfach aus dem Fenster vor das Haus. Damit man tagsüber nicht durch die Fäkalien laufen musste und sauber aus der Haustüre gelangte, wurden Bretter über den Schmutz gelegt. Diese wurden bei Abenddämmerung wieder hochgeklappt und gegen die Hausmauer gelehnt, damit sie in der Nacht nicht beschmutzt wurden.

Abwarten und Tee trinken

Bedeutung: Man soll Geduld haben und abwarten.

Herkunft: Wahrscheinlich war in früheren Zeiten der Genesungsprozess gemeint, indem man Kräutertee trank und eben geduldig abwarten musste, bis man wieder gesund ist.

Alle Register ziehen

Bedeutung: Um auszudrücken, dass man nichts unversucht lässt und alle seine Chancen nutzt, um etwas zu erreichen, verwendet man häufig die Redewendung "alle Register ziehen".

Herkunft: Beim Orgelspiel mit mechanischer Traktur werden vom Organist die „Register" gezogen. Dies sind einzelne Pfeifenreihen. Zum Ein-oder Abschalten bedient er die sog. Registerzüge, Knäufe am Spieltisch. Je mehr er zieht, desto klangreicher und volouminöser ist sein Spiel.

Alles im grünen Bereich

Bedeutung: alles ist in Ordnung, läuft planmäßig.

Herkunft: grünes Licht signalisiert bei technischen Geräten meist Sicherheit und dass alles in Ordnung ist, rotes Licht bedeutet Gefahr.

Alles in Butter

Bedeutung: alles in Ordnung, alles in Sicherheit.

Herkunft: Im Mittelalter war Glas eine kostbare Ware. Um Glas sicher zu transportieren wurde es in Fässer gepackt und diese mit flüssiger Butter aufgefüllt. Wenn die Butter ausgehärtet war, konnte die Ladung sicher verfrachtet werden.

Alte Zöpfe abschneiden

Bedeutung: Man möchte gesellschaftlich etwas verändern, eine altbekannte Mode, Gesetze oder Verhaltensweisen aufgeben.

Herkunft: seit dem 16. Jahrhundert wurden Zöpfe von Männern als Kopfschmuck getragen, seit dem 18. Jahrhundert war dies sogar die offizielle Haartracht von Soldaten. Die von Friedrich Wilhelm I. von Preußen eingeführte Mode wurde von seinem Nachfolger Friedrich II. wieder abgeschafft. Diese Redewendung ist seit dem 18. Jahrhundert in Gebrauch.

Das Verschwinden des Zopfes steht auch für einen Übergang in ein neues Zeitalter. Das bringt Veränderungen mit sich und dafür muss man manchmal auch „alte Zöpfe abschneiden".

Am Hungertuch nagen

Bedeutung: Wenn jemand ausserordentlich arm ist und Hunger leidet, nagt er sprichwörtlich am Hungertuch.

Herkunft: Religiös. Bereits im 16. Jahrhundert zur Fastenzeit wurde das Hungertuch in der Kirche über den Altar gehängt. Dieses wurde genäht, um die Gläubigen an ihre Sünden zu erinnern. Aus dem Sprichwort „am Hungertuch nähen" wurde später „am Hungertuch nagen".

Am längeren Hebel sitzen

Bedeutung: Das bezieht sich auf jemanden, der in einer bestimmten Situation soviel Macht besitzt, dass man sich dessen Willen beugen muss.

Herkunft: Es wird vermutet, dass diese Redewendung von Bismarck stammt. Er wurde 1904 in einer deutschen Zeitung zitiert: „Österreich sitzt, um ein Wort Bismarcks zu gebrauchen, am längeren Hebel des Armes, da Rußland in Asien festgelegt ist und Österreich auf dem Balkan freie Hand geben wird.

Am seidenen Faden hängen

Bedeutung: Bedrohung durch eine akute Gefahr.

Herkunft: Antike. Schon die berühmte Erzählung vom Damoklesschwert, welches über dem Haupt schwebt und nur an einem Rosshaar befestigt ist und somit Leben oder Tod nur von einem seidenen Faden abhängt, der jederzeit reissen könnte. In der griechischen Antike wird ebenfalls vom Lebensfaden gesprochen, der von den Schicksalsgöttinnen durchgeschnitten wurde, wenn der Mensch starb.

An den Haaren herbeigezogen

Bedeutung: etwas klingt sehr abwegig, unlogisch.

Herkunft: unklar
Ursprünglich benutzte man den Begriff hanebüchen (aus dem Holz der Hagebuche (Hainbuche)“, dem härtesten einheimischen Holz), um etwas als klotzig oder grob zu beschreiben. Später wandelte sich dann die Bedeutung des Begriff und man benutzte ihn, wenn etwas absurd

oder haarsträubend war. Aus dem hanebüchen entstand wahrscheinlich die Redewendung an den Haaren herbeigezogen.

Auch wird vermutet, dass die Schurken im Mittelalter an den Haaren herbeigezogen wurden, um vor Gericht verurteilt zu werden.

Aber vielleicht ist das auch alles nur an den Haaren herbeigezogen? ;)

An den Pranger stellen

Bedeutung: öffentlich für etwas beschuldigt oder kritisiert werden.

Herkunft: Im Mittelalter wurden Schandpfähle, Pranger genannt, an einem öffentlichen Platz errichtet. An diesem wurden Schuldige meist mit Halseisen angekettet und somit dem Volk zum Spott ausgeliefert. Oftmals auch eine kombinierte Strafe mit Maßnahmen wie Verstümmelung oder Leibeszucht.

Äpfel mit Birnen vergleichen:

Bedeutung: Dinge miteinander vergleichen, die (angeblich) nicht vergleichbar sind.

Herkunft: Das Bild der Äpfel und Birnen soll uns daran erinnern, dass man bei Vergleichen immer aufpassen sollte, ob das, was man vergleicht, auch wirklich vergleichbar ist. So kann man zwei Äpfel miteinander vergleichen, weil es sich um dieselbe Sache handelt. Ein Apfel und eine Birne sind allerdings zwei verschiedene Dinge und damit nur schwer vergleichbar.

Auch ein blindes Huhn findet mal ein Korn

Bedeutung: wenn jemandem unterstellt wird, das Resultat sei lediglich Zufall und nicht seinem Können zu verdanken, oftmals abwertende Bemerkung oder aber um Mut zu machen, dass selbst einem Unfähigen auch etwas gelingen kann.

Herkunft: Vermutlich setzt man sich mit dieser Redewendung einem blinden Huhn gleich. Hühner benötigen zum Picken ihre Augen. Ein blindes Huhn hätte also Schwierigkeiten die Körner zu finden. Nur mit sehr viel Glück erwischt es ein Korn.

Auch nur mit Wasser kochen

Bedeutung: Wenn die Leute auch nur mit Wasser kochen, heißt das, es geht dort genauso zu wie hier.

Herkunft: In früheren Zeiten kochten die ärmeren Menschen alle nur mit Wasser, nicht mit Brühe oder Wein. Das Essen schmeckte bei anderen also auch nicht anders oder besser. Wenn man sich also selbst unzulänglich fühlt oder meint, andere könnten etwas besser oder sind etwas besonderes, kann man sich sagen: "Andere kochen auch nur mit Wasser".

Auf dem Holzweg sein

Bedeutung: Man ist im Irrtum, man verfolgt eine falsche Idee.

Herkunft: Die Bauern transportieren die geschlagenen Bäume im Wald ab, was tiefe Schneisen in den Boden gräbt. Es entsteht ein „Holzweg", der nur bis zu dem gefällten Baum führt, nicht weiter. Verwechselt ein Spaziergänger diesen Weg mit einem normalen Wanderweg, ist er somit einem Irrtum aufgesessen und auf dem Holzweg.

Auf dem Teppich bleiben

Bedeutung: Es drückt aus, dass man nicht übertreiben, mit beiden Füßen auf dem Boden bleiben soll.

Herkunft: Auch hier gibt es verschiedene Deutungen, woher diese Redensart stammt. Da heißt es, bei einer Audienz mit dem König musste man auf dem Teppich bleiben, sich nicht weiter dem Herrscher nähern. Eine andere Meinung legt nahe, der Teppich als wertvolles Einrichtungsstück sei dem gehobenen Stand nur möglich gewesen und sollte auf Sitte und Anstand verweisen. Als Drittes denkt man sich, der Teppich war Vorläufer der Ringermatte, auf der die Kämpfer bleiben mussten.

Auf den Busch klopfen

Bedeutung: Geschicktes Nachfragen, um etwas Besonderes in Erfahrung zu bringen. Vorsichtiges nachhaken, ausfragen.

Herkunft: Zurück zu führen auf die Jagd. Die Jäger klopfen auf Unterholz und Büsche um das

Wild aufzuscheuchen und in Erfahrung zu bringen, was sich darin versteckt.

Auf den Hund gekommen

Bedeutung: verarmt, heruntergekommen, abgebrannt.

Herkunft: Mittelalter. Die Geldtruhen hatten am Boden einen aufgemalten Hundekopf. Wenn stets Geld aus der Truhe entnommen wurde, sah man irgendwann den Hundekopf somit war man „auf den Hund gekommen".

Auf den Senkel gehen

Bedeutung: Damit ist gemeint, das eine Person einer anderen lästig, anstrengend oder aufdringlich ist.

Herkunft: unklar. Senkel lässt sich auch durch Riemen, Nerv, Keks, Geist, Nüsse, Eier, Wecker,

Sack ersetzen, je nach Region. Vermutet wird, das sich diese Redewendung mit dem Begriff Senkel, der von Senkblei hergeleitet wurde, bezieht. Dieser wird im Bauhandwerk als Lot verwendet, um ein stabiles senkrechtes Bauwerk zu schaffen. Tritt dir jemand auf den Senkel, kann für Standfestigkeit nicht garantiert werden. Auch wenn dir jemand auf den Schnürsenkel tritt, gerät man ins Straucheln.

Auf den St. Nimmerleinstag warten

Bedeutung: Auf etwas warten, was nie eintreffen wird.

Herkunft: religiös: Jeden Tag wurde früher ein Heiliger verehrt. Einen Sankt Nimmerlein gibt es allerdings nicht. Was bedeutet, auf den Tag X ewig warten zu können, denn dieser kommt nie.

Auf den Zahn fühlen

Bedeutung: Jemanden ausfragen, seine Kenntnisse oder Fähigkeiten überprüfen oder seine

Gesinnung zu bestimmten Themen herausfinden.

Herkunft: Beim Pferdekauf schaute man dem Pferd ins Maul und befühlte die Zähne. Deren Abnutzung und Gesundheit gab Auskunft über das Alter und den Allgemeinzustand des Tiers. Deshalb soll man einem geschenkten Gaul auch nicht ins Maul schauen.

Auf der Leitung/auf dem Schlauch stehen

Bedeutung: Wenn jemand auf der Leitung oder Schlauch steht, bedeutet das, er begreift etwas nicht oder er kommt einfach nicht weiter.

Herkunft: Als die Telefontechnik entstand und noch nicht allzu ausgereift war, dachten die Menschen die Verbindung würde schlechter oder abbrechen, weil jemand auf der Telefonleitung steht. Die fälschliche Vorstellung war ähnlich wie bei einem Wasserschlauch. Steht jemand auf der Leitung oder auf dem Schlauch ist der Fluß gebremst oder unterbrochen.

Auf der Nase herumtanzen

Bedeutung: jemand befolgt nicht die Anweisungen, sondern macht vor den Augen aller was er will, respektloses Verhalten durch Mißachten von Befehlen, Ausnutzen von Gutmütigkeit.

Herkunft: Die Nase liegt unterhalb der Augen. Wenn jemand vor den Augen eines anderen dessen Befehle missachtet, tanzt er ihm somit quasi auf der Nase herum.

Auf der Wurstsuppe daher geschwommen

Bedeutung: Wenn jemand sagt, er käme nicht auf der Wurstsuppe daher geschwommen, meint dies, er läßt sich keinen Unsinn erzählen. Man ist nicht auf den Kopf gefallen.

Herkunft: Je nach Region wird aus Wurstsuppe , Fischsuppe, Brennsuppe oder Nudelsuppe. Diese Redewendung ist seit dem 19.Jahrhundert schriftlich belegt und bezeugt Konflikte des kleinbürgerlichen Aufsteigermilieus. Billiges Essen und niedriger Intellekt wird hier verknüpft.

Auf die Palme bringen

Bedeutung: jemanden wütend machen, in Ärger versetzen.

Herkunft: Diese seit 1930 angewandte Redewendung meint, dass ein verärgerter Mensch förmlich explodiert oder „hochgeht", ähnlich wie Affen, die auf der Flucht eine Palme hochjagen, zetern und mit Kokosnüssen werfen.

Auf Draht sein

Bedeutung: einen wachen Verstand haben, ein aufmerksamer, cleverer Kopf, im richtigen Moment das Richtige tun.

Herkunft: Bezieht sich auf die Kupferdrähte der Telegrafenverbindungen. Nachrichten konnten damit schnell weitergegeben werden und wenn damals jemand telefonierte, war er auf Draht. Somit erreichbar und jederzeit für eine Tätigkeit oder Entscheidung bereit.

Auf großem Fuß leben

Bedeutung: man führt einen luxuriösen Lebensstil

Herkunft: Im 12.Jahrhundert erfand Graf Anjou den Schnabelschuh um seine Fußdeformität zu verbergen. Diese Form des Schuhs wurde zum Trend. Jeder, der es sich leisten konnte und gesellschaftlich etwas auf sich hielt, wollte diesen übergrossen Schuh und „lebte auf großem Fuß".

Auf Holz klopfen

Bedeutung: Man klopft 3x auf Holz und kommentiert das Geschehen oder sagt Toi, Toi, Toi um ein Unglück oder Krankheit abzuwenden.

Herkunft: Im Mittelalter bekam man in Kirchen ein Stückchen Holz angeboten, welches mit dem Kreuz an dem Jesus Christus gestorben ist, in Verbindung gebracht wurde. Es sollte Glück bringen das Holzstück zu berühren.

Auf keinen grünen Zweig kommen

Bedeutung: man bringt es zu nichts im Leben, hat keinen Erfolg, kein Glück, bemüht sich vergeblich, jemand bleibt verschuldet und ohne Eigentum.

Herkunft: Früher gab es den heidnischen Brauch, dass der Verkäufer eines Grundstücks dem neuen Besitzer einen immergrünen Zweig überreichte. Dieser ist ein Zeichen für Fruchtbarkeit, die auf das neue Grundstück mit einziehen. Wer niemals auf einen grünen Zweig gekommen ist, war demnach zu erfolglos oder arm um ein Grundstück zu erwerben.

Auf oder unter den Nägeln brennen

Bedeutung: es ist sehr wichtig und eilt, etwas das schnell erledigt werden muss.

Herkunft: Die Mönche im Mittelalter beteten oft in der Nacht. Wenn sie zur Messe gingen war es dunkel und sie hatten auf dem Daumennagel eine kleine Kerze befestigt. Wenn diese nicht lang genug war und die Messe andauerte, mussten sie sich mit dem Beten und Singen beeilen.

Es ist also eine unangenehme Situation, wenn einem etwas auf den Nägeln brennt.

Als bekannte mittelalterliche Foltermethode wurden auch heiße Späne unter die Fingernägel geschoben. Da „brannte es unter den Nägeln" bzw eilte es, diese Pein zu beenden.

Auf Tuchfühlung gehen

Bedeutung: vorsichtiges Annähern, erstes Kennenlernen.

Herkunft: Militär. Beim Antreten standen die Soldaten oftmals so nah beieinander, dass das eigene Tuch der Uniform, das Tuch der nebenstehenden Person berührte.

Auf Vordermann bringen

Bedeutung: Wenn man etwas repariert, wieder herstellt oder in den ursprünglichen Zustand versetzt.

Herkunft: Militär. Beim Antreten in Reih und Glied, wird sich nach dem Vordermann gerichtet. Wenn die Reihe nicht gerade steht, wird sie also "auf Vordermann gebracht".

Aus allen Wolken fallen

Bedeutung: völlig überrascht sein, wenn jemand eine ganz andere Vorstellung von etwas hatte und nun mit der Wirklichkeit konfrontiert wird

Herkunft: Der Grieche Aristophanes beschrieb die Fantasiestadt Wolkenkuckucksheim in den Wolken liegend. Wenn man aus allen Wolken fällt, kehrt man demnach in die Wirklichkeit zurück.

Aus dem letzten Loch pfeifen

Bedeutung: am Ende seiner Kräfte sein, keine Kapazitäten mehr haben, völlige Erschöpfung

Herkunft: Im 17. Jahrhundert wurde diese Redewendung bereits schriftlich belegt und bezieht sich auf die Löcher eines Blasinstrumentes. Wenn man alle Löcher offen lässt, erklingt der höchste Ton. Dann ist man am Ende, mehr geht nicht.

Aus dem Nähkästchen plaudern

Bedeutung: Wenn jemand aus dem Nähkästchen plaudert, verrät er ein Geheimnis, er gibt unter dem Siegel der Verschwiegenheit Privates preis.

Herkunft: Ein Nähkästchen war früher reine Frauensache, daher ein guter Ort intime Kleinigkeiten zu verstecken, wie z.B. Liebesbriefe oder andere sehr persönliche Dinge.

Aus dem Stegreif

Bedeutung: etwas ohne Probe tun, unvorbereitet, aus dem Stand heraus improvisieren.

Herkunft: Den Steigbügel nannte man früher Stegreif. Etwas aus dem Stegreif heraus tun, bedeutete wörtlich, man stieg nicht vom Pferd ab, um etwas zu erledigen. Im heutigen übertragenen Sinne bedeutet es Handeln ohne Vorbereitung.

Aus der Haut fahren

Bedeutung: die Beherrschung verlieren, ausflippen, wenn jemand sehr zornig ist.

Herkunft: Seit dem 16. Jahrhundert findet diese Redewendung bereits Gebrauch. Seine Haut kann der Mensch nicht abstreifen. Der Gedanke dabei ist, um aus seiner Haut heraus zu fahren, dazu wären Emotionen wie starke Wut oder extremer Ärger nötig.

Aus heiterem Himmel

Bedeutung: plötzliche, unerwartete und unliebsame Ereignisse.

Herkunft: Im Mittelalter wurde mit Pfeil und Bogen gekämpft. Wenn ein lautloser Pfeil sein Opfer traf, kam dieses unverhofft, somit aus heiterem Himmel.

Bankrott

Bedeutung: Zahlungsunfähigkeit, Insolvenz, Pleite, Konkurs.

Herkunft: seit dem 15. Jahrhundert aus dem italienischen „banco rotto"", bezeichnet den langen Geldtisch eines Geldwechslers, welcher zerbrochen ist. Was soviel bedeutet wie, kein Geld oder Einnahmen mehr zu haben. Man sagt umgangssprachlich zum Beispiel: „Wenn er so weiter macht, treibt er mich noch in den Bankrott".

Blau machen

Bedeutung: Die Arbeit oder die Schule schwänzen.

Herkunft: Mittelalter. Die Färber hatten früher Montags ihren freien Tag. Sie legten Sonntags ihre Stoffe in das Färbebad ein und ließen diese dann einen Tag lang ziehen. Somit konnten sie Montags die gefärbte Wolle nur zum Trocknen aufhängen. Die Farbe die damals verwendet wurde, zeigte eine chemische Reaktion mit der Luft und verfärbte sich blau. Somit konnten die Färber Montags nichts tun, denn sie mussten warten bis die Wolle fertig war. Sie konnten also in Ruhe „blau machen". Erst am Dienstag konnte mit der Verarbeitung fortgefahren werden.

Brief und Siegel geben

Bedeutung: etwas mit absoluter Gewissheit versichern.

Herkunft: Im Mittelalter wurden wichtige Briefe oder Dokumente mit einem Siegel versehen. So konnte man sicher sein, wenn das Siegel intakt war, dass niemand unbefugtes den Inhalt gelesen hatte.

Da beißt die Maus keinen Faden ab

Bedeutung: Das ist so und nicht anders, es ist ist unabänderlich.

Herkunft: Bei dieser Redewendung gibt es ein Vielzahl an Herkunftsmöglichkeiten. Wahrscheinlich ist, dass der Schneider in früheren Zeiten so seinem Kunden versicherte, dass sein Stoff in guter Obhut bei ihm sei. Zum anderen wurden die Lebensmittel früher an einem Faden im Keller an der Decke aufgehängt, damit keine Nager daran kamen, um zu fressen. Da beisst die Maus also keinen Faden ab.

Da bleibt einem der Bissen im Halse stecken

Bedeutung: durch eine unangenehme Überraschung oder vor Schreck nicht mehr weiter essen können.

Herkunft: Im Mittelalter gab es Gottesurteile. So steckte man jemandem ein Stück trockenen Käse oder Brot mit einem bestimmten Gewicht in den Mund. Konnte er dies schlucken, galt seine Unschuld bewiesen und wurde frei gesprochen. Wenn nicht, erstickte er. Dies sah man dann als gerechte Gottesstrafe an. Sagt man allerdings jemandem, ihm möge der Bissen im Halse stecken bleiben, ist dies eine Verwünschung.

Da liegt der Hase im Pfeffer

Bedeutung: Das ist der entscheidende Punkt, darin liegt die Ursache.

Herkunft: Bei der Herstellung des Gerichtes „Hasenpfeffer" wurde für die Sosse Hasenklein als Zutat verwendet. Dieses wurde jedoch so verkocht, dass es in der Soße neben dem Pfeffer kaum mehr zu finden war. Wenn dennoch jemand ein Stück erwischte, freute er sich: „ Da liegt der Hase im Pfeffer!".

Da scheiden sich die Geister

Bedeutung: anderer Meinung oder anderer Ansicht sein.

Herkunft: diese Redewendung beschreibt den menschlichen Geist. Ansichten oder Meinungen können völlig verschieden sein, somit können sich an gewissen Punkten „die Geister scheiden".

Das fünfte Rad am Wagen sein

Bedeutung: wenn jemand in einer Situation überflüssig oder lästig ist bezeichnet man ihn als das fünfte Rad am Wagen.

Herkunft: bereits im 11. Jahrhundert schriftlich belegt. In Egbert von Lüttichs lateinischer Sprichwörtersammlung: „Quem fastidimus, quinta est nobis rota plaustri" (= Wer uns lästig ist, der ist uns das fünfte Rad am Wagen).

Das geht auf keine Kuhhaut

Bedeutung: das übersteigt jedes Maß, das ist nicht mehr zu beschreiben, eine Frechheit.

Herkunft: Als der Mensch noch kein Papier besaß, schrieb er auf Pergament aus Tierhäuten. Man glaubte der Teufel notiere sich alle Sünden und wenn jemand ein Ganove war, brauche der Teufel schon ein Kuhhaut um alles aufzuschreiben. Aber bei einem ganz schlimmen Schurken, würde selbst diese nicht ausreichen. Das ging also auf keine Kuhhaut.

Das Haar in der Suppe suchen

Bedeutung: eine negative Grundeinstellung haben, immer den Augenmerk auf das Schlechte gerichtet, immer etwas auszusetzen, nie zufrieden.

Herkunft: Ein Haar ist sehr fein und kaum zu sehen. Man muss schon sehr genau hinschauen oder danach suchen, um es in der Suppe zu finden. Dies dient als Sinnbild für das bewusste Suchen nach Negativem oder Nachteilen.

Das ist doch schon die halbe Miete

Bedeutung: Die Hälfte ist bereits geschafft!

Herkunft: Mittelalter. Neben den Ernteplätzen, gab es früher Lagerplätze für die eingebrachte Ernte, die man Miete nannte. Wenn man also schon die halbe Miete hatte, war bereits die Hälfte der Ernte eingeholt.

Das ist mir Wurst

Bedeutung: jemandem ist etwas total egal, drückt Gleichgültigkeit aus.

Herkunft: Der Inhalt einer Wurst war in früheren Zeiten nicht geregelt, der Fleischer konnte also beliebige Reste der Schlachtung mit in die Pelle einfüllen, egal ob sie genießbar waren oder nicht. Es war somit egal was in der Wurst steckte.
Eine andere Theorie besagt, wie in dem bekannten Lied „Alles hat ein Ende, nur die Wurst hat zwei.", die Form der Wurst für Beliebigkeit steht, d.h. es ist völlig egal von welcher Seite ich beginne die Wurst zu essen.

Das macht den Kohl auch nicht mehr fett

Bedeutung: Auf diese Kleinigkeit kommt es nun auch nicht mehr an, etwas wiegt nicht in der Entscheidung bei.

Herkunft: In früheren Zeiten galt Kohl als „Arme-Leute-Essen". Um das Gericht etwas nahrhafter zu machen, wurde ihm teurer Speck hinzugefügt. Dieses war den armen Menschen nicht möglich und man konnte nur versuchen durch Gewürze oder Kräuter zu verfeinern. Solange allerdings kein Fleisch beigegeben wurde, „machte das den Kohl auch nicht fett".

Das schlägt dem Fass den Boden aus

Bedeutung: Wenn man sich sehr über etwas ärgert und möchte sich nichts mehr gefallen lassen. Eine Unverschämtheit, jetzt ist aber Schluß!

Herkunft: Den Fässern sprang früher der Boden heraus bei zu hartem Aufschlagen der Reifen. Auch wurde von den Beamten der Stadt der Boden aus dem Fass geschlagen, wenn das Bier nicht den Verordnungen entsprach.

Das schwarze Schaf sein

Bedeutung: jemand der in einer Gruppe unangenehm auffällt, sich abhebt und von den anderen Gruppenmitgliedern negativ bewertet wird.

Herkunft: Schwarze Schafe waren bei den Schäfern nicht sehr beliebt, denn ihre Wolle ließ sich schlechter verarbeiten und färben. Schwarze Schafe waren Problemschafe.

Das sind mir alles böhmische Dörfer

Bedeutung: Wenn man etwas überhaupt nicht versteht oder einem unbekannt ist.

Herkunft: Deutschland grenzt an Tschechien, aber die Sprache ist sehr verschieden. Die Deutschen hatten schon seit jeher Schwierigkeiten mit der Aussprache der böhmischen Ortsnamen. Sie klangen so fremdartig, dass es ihnen unmöglich war sie auszusprechen. Wer also von einer Sache nichts versteht, für den sind das „alles böhmische Dörfer".

Den Bock zum Gärtner machen

Bedeutung: Jemandem eine Aufgabe übertragen, der er nicht gewachsen ist. Man weiß bereits im voraus, dass er das Ergebnis nur verschlimmern wird.

Herkunft: 16. Jahrhundert. Einen Ziegenbock als Gärtner einzusetzen, hätte fatale Folgen. Die Beete wären zertreten, die Pflanzen abgefressen. Der Bock wäre also die denkbar schlechteste Wahl als Gärtner.

Den Braten riechen

Bedeutung: eine Lüge, Verschwörung oder Falle wittern bevor Gewissheit herrscht.

Herkunft: 16. Jahrhundert. Eine Fabel besagt, ein Tier wird zum Bauern eingeladen, schnuppert jedoch bereits an der Türe, dass sein Artgenosse gerade in der Pfanne gart und kehrt um. Es hat den Braten gerochen.

Den Buckel runter rutschen

Bedeutung: jemanden unhöflich auffordern in Ruhe gelassen zu werden, Ablehnung, jemanden gern haben oder kreuzweise können

Herkunft: Im Mittelalter wurde das Wort Buckel für eine Wölbung verwendet. Das Kampfschild hatte eine solche Wölbung in seiner Mitte zur Verstärkung. In einer Kampfsituation rutschte der besiegte Gegner am Schildbuckel entlang. Du kannst mir den Buckel runter rutschen hiess so viel wie: ich besiege dich, ich verachte dich. Neuzeitlich wird mit Buckel der Rücken gemeint und an dessen Ende befindet sich das Gesäß. Gemeint ist hier also: „ Du kannst mich am Arsch lecken".

Den Faden verlieren

Bedeutung: Man weiß nicht mehr, worauf man hinaus wollte, weil man den Gedankengang verloren hat.

Herkunft: Mittelalter. Dem Spinner und Weber, dem der Faden verloren gegangen war, musste innehalten und erst wieder den Faden suchen, um weiter zu arbeiten.

Den Löffel abgeben

Bedeutung: Sterben.

Herkunft: Mittelalter. Da die Bauer meist Brei aßen, besaß jeder einen eigenen Löffel. Wenn jemand verstarb vererbte er seinen Löffel einem Nachkommen. Er gab also Sprichwörtlich den Löffel ab.

Den Nagel auf den Kopf treffen

Bedeutung: Jemand hat den Kernpunkt von etwas erfasst, einen treffenden Kommentar abgeben, das Wesentliche beschreiben.

Herkunft: Im Schießsport befand sich früher in der Mitte der Zielscheibe ein Nagel. Wenn man diesen traf, prallte der Pfeil ab und man hatte somit den Nagel auf den Kopf getroffen. Heute ist in der Mitte einer Zielscheibe ein schwarzer Kreis, weshalb man auch davon spricht, ins Schwarze getroffen zu haben.

Den Schalk im Nacken

Bedeutung: jemand der ständig Witze macht, zu Spässen aufgelegt ist oder Streiche spielt, dem sitzt der Schalk im Nacken.

Herkunft: Seit dem 16. Jahrhundert glaubten die Menschen an Kobolde oder Dämonen, die ihnen im Nacken bzw. hinter den Ohren sitzen und ihren Geist beeinflussen. Sie würden zu Unfug anstiften, indem sie Flausen, verrückte Ideen oder Unsinn in ihr Ohr flüstern.

Den Teufel an die Wand malen

Bedeutung: sehr pessimistisch sein, das Schlimmste befürchten.

Herkunft: 18. Jahrhundert. Das Malen des Teufels war derzeit gefürchtet. Man glaubte, das Böse damit heraufzubeschwören.

Der Fisch stinkt vom Kopf

Bedeutung: Mit dieser Redewendung wird die Führungskompetenz einer oder mehrerer Personen infrage gestellt.

Herkunft: Das im Kopf des Fisches befindliche Gehirn verdirbt als erstes und entwickelt einen üblen Geruch. Machen Führungspositionen oder auch die „großen Köpfe" eines Unternehmens in Wirtschaft und Politik einen Fehler so stinkt der Fisch vom Kopf.

Der frühe Vogel fängt den Wurm

Bedeutung: wer früher anfängt, kann man mehr erledigen, hat mehr Erfolg.

Herkunft: 17. Jahrhundert aus dem Englischen. Die Redewendung bezieht sich auf den Vogel der im Morgengrauen größere Chancen hat, einen Wurm zu ergattern, da diese am frühen Morgen aktiver sind.

Der Wink mit dem Zaunpfahl

Bedeutung: Man weist jemanden überdeutlich und plump auf etwas hin.

Dahinter steht die bildliche Vorstellung, dass ein Zaunpfahl so groß ist, dass ein Winken mit diesem nicht übersehen werden kann.

Herkunft: Denkt man heute daran, dass ein Zaunpfahl wohl ein deutlicher Hinweis sein muss, so gab es auch die Deutung, mit dem Zaunpfahl werde eine Drohung angezeigt.

Hartnäckig hält sich auch die Vermutung, es habe sich eine sprachliche Verschiebung ergeben und ursprünglich sei ein Zaumpfahl gemeint. Dieser diente in früheren Zeiten dazu, sein Pferd anzubinden. Damit hätten Gastwirte auf ihr Gewerbe aufmerksam gemacht.

Einen Streit vom Zaun brechen

Bedeutung: unvermittelt und ohne Vorwarnung Streit anfangen.

Herkunft: Auch hier gibt es die Meinung, es müsse eigentlich Zaum heißen, wenn sich jemand nicht im Zaum halten kann.

Häufig findet man auch die Deutung, man habe wütend eine Latte aus dem Zaun gerissen, um damit auf den Gegner einzudreschen. Wer demnach häufig mit dem Nachbarn in Streit geriet, hatte nicht mehr alle Latten am Zaun.

Interessant finde ich aber auch den folgenden Hinweis. Das Wort Zaun sei verwandt mit dem englischen Town oder dem niederdeutschen Tuin. Es bezeichnete nicht die Umfriedung selbst, sondern das dadurch geschützte Land. Dann war es ein Streit um das Gebiet, um das es ursprünglich in der Redewendung ging.

Wir sehen, es ist nicht immer leicht, die Herkunft einer Phrase zu finden und mitunter hat sich im Laufe der Zeit ihre Bedeutung gewandelt.

Die Arschkarte gezogen

Bedeutung: in eine unangenehme Situation geraten, Pech haben.

Herkunft: Man vermutet die Herkunft im Fussball. Um Verwechslungen zu vermeiden, bewahren Fußballschiedsrichter häufig die gelbe Karte in der Brusttasche, die rote Karte dagegen in der Gesäßtasche auf. Wenn ein Spieler die rote Karte gezeigt bekommt, erhält er einen Spielfeldverweis, er hat dann die Arschkarte gezeigt bekommen.

Die Büchse der Pandora öffnen

Bedeutung: jemand richtet einen unaufhaltsamen Schaden oder Unheil durch seine Handlung an. Obwohl er genau weiss, dass es falsch ist, nimmt er die negativen, unkontrollierbaren Konsequenzen in Kauf.

Herkunft: griechische Mythologie.
Epimetheus nahm Pandora trotz der Warnung seines Bruders zur Frau. Sie öffnete aus Neugierde das Hochzeitsgeschenk von Zeus, eine Büchse, obwohl es ihr ausdrücklich verboten war. Alles Schlechte überkam die Menschheit. Die Büchse liess sich nicht mehr schließen, es war zu spät dazu. Alles Übel und Leid war bereits auf die Welt gekommen.

Die Kurve kratzen

Bedeutung: schnell verschwinden, abhauen

Herkunft: Mittelalter. Bekannt sind in Erfurt die Eckhäuser der Stadt. Dort sind am Boden sog. Kratzsteine oder Ecksteine angebracht. Die

Händler, die schnell um die Ecke rasten, konnten sich mit ihren Wagen an diesen Steinen abstoßen, um besser in die Kurve zu kommen, ohne die Hausmauer zu beschädigen. Dies war notwendig, da die Handelsgassen sehr eng waren. Sie kratzten also die Kurve.

Die Nadel im Heuhaufen suchen

Bedeutung: eine aussichtslose Handlung, eine Situation ohne Option auf Erfolg

Herkunft: 19.Jahrhundert, Die Redensart geht auf das Märchen „Der gescheite Hans" zurück: Dieser Hans bekommt unter anderem von seiner Verlobten Gretel eine Nadel geschenkt, die er im Heuwagen versteckt. Am Ende der Geschichte hat Hans nicht nur beträchtlichen Schaden angerichtet, sondern auch seine Gretel verloren.

Die Ohren langziehen

Bedeutung: jemanden tadeln, schimpfen, zurechtweisen.

Herkunft: im 19.Jahrhundert gab es noch das Züchtigungsrecht der Eltern gegenüber ihren Kindern. Eine strafende erzieherische Maßnahme war das langziehen der Ohren.

Dreck am Stecken

Bedeutung: Wenn jemand Dreck am Stecken hat, hat er sich etwas zu Schulden kommen lassen. Er hat etwas Verwerfliches begangen, unmoralisch gehandelt oder er verschweigt etwas.

Herkunft: Bevor man in früheren Zeiten ein Haus betrat, säuberte man sich zunächst die Schuhe. Neben jeder Haustüre stand ein Holzstock, also ein Wanderstecken mit dem man die Sohlen Freikratzen konnte. Der Schuh war danach relativ sauber, aber der Stecken dreckig. Dieser verriet dann, den ehemaligen Zustand der Schuhe.

Durch die Lappen gehen

Bedeutung: Jemandem entgeht etwas, er verpasst eine wichtige Sache.

Herkunft: Die Jäger hängten bei der Treibjagd Lappen in einigen Richtungen zwischen den Bäumen auf, damit die Tiere nicht entkommen konnten. Sollte dennoch ein Tier entwischen, war es ihnen wortwörtlich durch die Lappen gegangen.

Ein Auge auf etwas werfen

Bedeutung: sich für etwas oder jemanden besonders interessieren.

Herkunft: Biblisch
Begierde beginnt mit den Sinnen. Die Augen spielen dabei eine entscheidende Rolle. Eine Bibelstelle besagt: "Und als die beiden Ältesten sie täglich darin umhergehen sahen, entbrannten sie in Begierde nach ihr und wurden darüber zu Narren und warfen die Augen so sehr auf sie, dass sie nicht mehr zum Himmel aufsehen konnten und nicht mehr an gerechte Urteile dachten."

Ein Brett vor dem Kopf haben

Bedeutung: Wenn jemand ein Brett vor dem Kopf hat, ist er begriffsstutzig und uneinsichtig

Herkunft: Störrischen Ochsen wurde früher ein Brett vor die Augen gehängt, damit die Bauern besser das Geschirr anlegen bzw mit ihnen arbeiten konnten.

Ein Erbsenzähler sein

Bedeutung: Wortwörtlich, jemand der es ganz genau nimmt und jede Erbse zählt.

Früher nannte man jemanden als Erbsenzähler, der kleinlich oder geizig ist. Seit dem 20. Jahrhundert bezeichnet man damit jemand, der übertrieben genau, pedantisch oder pingelig ist, somit ist der Begriff meist abwertend gemeint.

Herkunft: Seit mehreren Jahrhunderten im Sprachgebrauch. Erstmals erschien 1668 das Wort Erbsenzähler in einem Roman von Grimmelshausen, 1796 tauchte „Erbsenzähler" bereits im Wörterbuch von Adelung als Synonym für „Geitzhals" auf.

Ein Hühnchen rupfen

Bedeutung: einen Streit mit jemandem klären, eine Meinungsverschiedenheit bereden.

Herkunft: Im 19. Jahrhundert war es üblich, das die Bäuerinnen beisammen saßen, um die Hühner zu rupfen. Da dies eine zeitaufwendige Aufgabe war, konnten sie dabei in Ruhe Streitigkeiten bereinigen und sich aussprechen.

Eine Eselsbrücke bauen

Bedeutung: Wörter oder Sätze, um sich etwas besser merken zu können.

Herkunft: Als die Menschen ihre Waren noch mittels Eseln transportierten, hatten sie Schwierigkeiten die Esel durchs Wasser zu führen. Diese bockten und weigerten sich durch einen Bach zu gehen. Daher mussten die Bauern ihnen an schmalen Flussläufen eine Eselsbrücke bauen. Dies war eine Hilfestellung die aber letztendlich ans Ziel führte.

Eine Gardinenpredigt halten

Bedeutung: Man bekommt die Leviten gelesen, erhält eine Strafpredigt

Herkunft: Die Betten waren in früheren Zeiten meist mit Gardinen umrahmt. Wenn der Ehemann also spät nach Hause kam, lag die Frau bereits im Bett, lugte hinter der Gardine hervor und schimpfte mit ihm, d.h. sie hielt ihm von dort aus eine „Gardinenpredigt".

Eine Hand wäscht die andere

Bedeutung: Sich für Hilfe revanchieren, im Gegenzug einen Gefallen für etwas tun
Wird auch verwendet, um als Helfender anzuzeigen, dass man zukünftig bei jemandem etwas gut hat.

Herkunft: bis ins 1. Jahrhundert in die Zeit der alten Römer zurückzuverfolgen, der Philosoph Seneca schrieb bereits „Manus manum lavat" (eine Hand wäscht die andere)

Eine Laus über die Leber gelaufen

Bedeutung: jemand der übellaunig ist, sich über alles aufregt.

Herkunft: Dahinter steckt die Annahme, die Leber sei der Sitz der Emotionen. Wenn sich jemand schon über eine Kleinigkeit aufregen konnte, war ihm eben eine Laus über die Leber gelaufen.

Eine Rabenmutter sein

Bedeutung: Eltern und Mütter, die sich schlecht oder gar nicht um ihre Kinder kümmern

Herkunft: Rabenkinder verlassen eigenständig sehr früh das Nest, ohne fliegen zu können. Sie erwecken den Eindruck, sie seien von ihren Rabeneltern im Stich gelassen worden, werden aber weiterhin von ihren Eltern gut versorgt. Somit tut man den Raben Unrecht mit dem Begriff „Rabenmutter". Dennoch hält sich diese Redewendung und wird weiterhin im Sinne von „schlechter Mutter" verwendet.

Eine Schwalbe macht noch keinen Sommer

Bedeutung: jemand soll keine voreiligen Schlüsse ziehen, ein positiver Einzelfall läßt noch nicht auf eine endgültige Besserung schließen.

Herkunft: Aus dem Tierreich. Die Schwalbe ist ein Zugvogel. Kehrt lediglich eine einzige Schwalbe aus den warmen Ländern zurück, heisst das noch lange nicht, dass der Frühling kommt. Es müssen schon mehrere am Himmel zu sehen sein, um den die neue Jahreszeit anzukündigen.

Einen Bären aufbinden

Bedeutung: jemandem etwas Unwahres glaubhaft erzählen, sodass er darauf hereinfällt.

Herkunft: Das Wort „Bär" ist auf den alten Ausdruck „bar" zurückzuführen, was u.a. „Last" bedeutete. Hatten Jagdgesellen Schulden, banden sie als Pfand einen bar, also Bären an die Theke an. „Jemandem etwas aufbinden" wurde schon damals mit „Lügen" gleichgesetzt. Aus dieser Kombination der beiden Ausdrücke entstand die Redewendung „jemandem einen Bären aufbinden". Der Bär steht für die Schuld oder Last der Lüge.

Einen guten Rutsch wünschen

Bedeutung: Jemand möge gut ins neue Jahr hinein kommen.

Herkunft: seit dem 19. Jahrhundert besteht der Brauch einen guten Rutsch zu wünschen. Es gibt verschiedene Erklärungen des Ursprungs. Zum einen soll der Satz aus dem jiddischen stammen. Rosch ha-Schana ist das jüdische Neujahrsfest was soviel wie Kopf des Jahres bedeutet. Aus dem Rosch wurde Rutsch, was früher umgangssprachlich und in Märchen oftmals im Sinne von Reisen oder Fahren verwendet.

Einen Zacken aus der Krone brechen

Bedeutung: Wenn jemand sich einen Zacken aus der Krone bricht, tut er etwas was unter seiner Würde

Herkunft: Aus dem Adelsgeschlecht. Eine Königskrone hat mehr Zacken als die eines Grafen. Anhand der Anzahl der Zacken konnte man also den Rang einer Person erkennen. Wenn jemand sagt: „Da wird dir kein Zacken aus der Krone brechen", meint er, dass es schon nicht so schlimm wird, er soll sich nicht so anstellen.

Einen Zahn zulegen

Bedeutung: schneller machen, sich eilen.

Herkunft: Im Mittelalter wurde auf dem offenen Feuer gekocht. Man konnte die Hitze darum schlecht regulieren. Deshalb wurden über den Kochtöpfen viele Metallstreifen mit kleinen Zacken gehängt. In die Zacken der Metallstreifen konnten nun die Kochtöpfe über das Feuer gehängt werden. Indem man den Topf höher oder tiefer in eine Zacke hängte, konnte man die Hitze regulieren. Sollte das Wasser schneller kochen, hängte man den Topf tiefer, demnach legte man einen Zacken, heute Zahn, zu.

Etwas auf dem Kerbholz haben

Bedeutung: jemand ist polizeilich bekannt, hat ein Vorstrafenregister, ist mehrfach verurteilt worden.

Herkunft:
Im 18. Jahrhundert konnten noch nicht alle Menschen lesen uns schreiben. Händler verwendeten darum zur Buchführung in der Mitte gespaltene Hölzer, so genannte Kerbhölzer. Bei einem Käufer, der nicht gleich bezahlen konnte, wurden soviel Striche in beide Hälften des Holzes geritzt, wie er Schulden hatte. Eine Hälfte behielt der Verkäufer, die andere bekam der Schuldiger. So wußten beide, wieviel der Käufer auf dem Kerbholz hat bzw. wieviel er noch schuldig war. Bei jeder Abrechnung wurden die Hölzer aneinander gelegt und die Kerben verglichen und bei Bedarf eine Kerbe entfernt, also abgefeilt.

Etwas auf die lange Bank schieben

Bedeutung: Sich mit einer unangenehmen Entscheidung oder unliebsamen Aufgabe Zeit lassen bzw. hinauszögern.

Herkunft: Mittelalter
In früheren Zeiten wurden Akten und wichtige Papiere in Behörden in langen Truhen aufbewahrt, mangels Regalen. Waren diese voll, wurde die nächste Akte oben drauf gelegt. D.h. mit jeder neu dazu gelegten Akte rutschen die anderen weiter nach hinten.

Etwas aus dem Hut ziehen/zaubern

Bedeutung: etwas unerwartetes mühelos hervorbringen, Eine Lösung vorschlagen, mit der niemand gerechnet hat, Wendung einer Situation, die überraschend kommt

Herkunft: Anfang 19. Jahrhundert. Zauberkünstler zauberten Kaninchen oder ähnliches aus ihrem vormals leeren Hut und liessen Dinge aus dem Nichts auftauchen.

Etwas ausbaden

Bedeutung: Man trägt die Konsequenz einer vorherigen Tat Anderer.

Herkunft: Mittelalter. Wasser war teuer, darum badeten mehrere Gäste nacheinander in ein und demselben Badewasser. Der Letzte musste die Wanne leeren und reinigen. Er musste den Schmutz seiner Vorgänger „ausbaden":

Etwas im Schilde führen

Bedeutung: Jemand plant nichts Gutes, schlechte Absichten haben.

Herkunft: Im Mittelalter führten die gepanzerten Reiter Schilde mit sich, auf denen das Wappen ihrer Herkunft zu sehen war. Somit konnte man schon aus der Ferne erkennen, ob sich ein Feind oder Freund näherte.

Etwas Revue passieren lassen

Bedeutung: das Geschehene gedanklich noch einmal der Reihe nach durchgehen, mit Worten oder Bildern rückblickend erinnern.

Herkunft: „Revue" wurde abgeleitet von dem französischen Wort „Revoir" (Wiedersehen) und „passieren lassen" hat seinen Ursprung in der Soldatensprache. Es bezeichnet das Vorbeimarschieren der Heere. Die Zusammensetzung aus beidem bedeutet somit vorbei ziehen lassen von Gedankenbildern vor dem Inneren Auge.

Eulen nach Athen tragen

Bedeutung: Jemand macht etwas völlig überflüssiges.

Herkunft: griechische Mythologie. Das Symbol der Schutzgöttin der Stadt Athen war die Eule und steht für Weisheit. Darum waren in Athen überall Eulen als Statuen, Bildern etc zu sehen. Trägt jemand Eulen nach Athen ist das also absolut unnötig.

Für jemanden die Hand ins Feuer legen

Bedeutung: zweifelsfrei für jemanden verbürgen, voll vertrauen für jemanden gerade stehen

Herkunft: Mittelalter. Dort wurden Menschen für ihre Taten mit Feuerurteilen bestraft. Sie mussten ihre Hand ins Feuer legen und wurden frei gesprochen, wenn die Hand nicht verbrannte.

Für jemanden eine Lanze brechen

Bedeutung: Sich für jemanden einsetzen, ihm beistehen, ihn verteidigen

Herkunft: Im Mittelalter traten die Ritter regelmäßig in Turnieren gegeneinander an, um ihren Mut und ihre Stärke zu beweisen. Dabei konnte schon mal die Lanze an der Rüstung des Gegners brechen. Nahmen die Ritter den Kampf im Namen eines Dritten in Kauf, brachen sie wortwörtlich ihre Lanze für ihn.

Geh wohin der Pfeffer wächst

Bedeutung: Wenn jemand nicht erwünscht ist, man ihn nicht mehr sehen will oder wütend auf ihn ist.

Herkunft: Pfeffer hat einen langen Transportweg, denn er kommt von sehr weit her, aus Indien. Den Menschen erschien dies als das Ende der Welt. Wer also dahin gehen soll, wo der Pfeffer wächst, sollte auf nimmer wiedersehen verschwinden.

Haare auf den Zähnen

Bedeutung: jemand der Haare auf den Zähnen hat, kann sich gut vor anderen behaupten oder im Gespräch wehren, spitzzüngig oder schnippisch, meist abfällig gemeint.

Herkunft: Körperbehaarung wurde in früheren Zeiten als Zeichen von Männlichkeit, Kraft und Stärke angesehen. Wenn also jemand Haare auf den Zähnen hat, ist er voller Kraft und Stärke beim Reden.

Hecht im Karpfenteich

Bedeutung: eine Person die Unruhe stiftet, in einer Gruppe die sich nicht wehren kann, ist der Hecht im Karpfenteich.

Herkunft: Seit dem 18. Jahrhundert. Dieser Ausspruch hat seine Herkunft wahrscheinlich in der Beobachtung der Verhaltensmuster dieser Fische. Der Hecht ist ein gefährlicher Raubfisch, der Karpfen seine Beute. Sinnverwandte Redewendungen finden sich in: Der Wolf unter den Schafen oder Der Falke unter den Spatzen.

Hinz und Kunz

Bedeutung: jedermann, alle möglichen Leute

Herkunft: Im 11.-13.Jahrhundert waren Heinrich und Konrad (Kurzform Hinz und Kunz) äußerst beliebte Namen und sehr oft vorkommend bei deutschen Herrschern. Wenn jemand also von Hinz und Kunz spricht, meint er damit ein jeden.

Ich glaub mein Schwein pfeift

Bedeutung: Ausdruck von Empörung, wenn etwas absolut Unerhörtes, Überraschendes passiert ist oder erzählt wird.

Herkunft: Diese Redewendung kommt aus dem Berlinerischen und bezieht sich auf den Wasserkessel mit einer Pfeife auf dem Ausguss. Weil er die Form eines Sparschweins hat, wurde der Kessel im Berlin der frühen 20er Jahre des letzten Jahrhunderts Schwein genannt. Um sich aus einem unliebsamen Gespräch in die Küche verdrücken zu können, behauptete man, sein Schwein pfeife. Später wurde es dann zum Ausdruck des Erstaunens über eine unglaubliche Behauptung.

Ich kenne meine Pappenheimer

Bedeutung: man glaubt, den anderen zu kennen, heute meist abfällig gemeint

Herkunft: Dies stammt aus der „Wallenstein"-Trilogie von Friedrich Schiller. Wallenstein sagt: „Ich kenne meine Pappenheimer", denn die Pappenheimer waren als treue Gefolgsleute bekannt und er glaubte sie einschätzen zu können.

Heute wird diese Redewendung eher verwendet, wenn man eine negative Reaktion von jemandem erwartet.

Im Stich lassen

Bedeutung: jemanden mit seinem Problem alleine lassen, ihn hängen lassen, nicht für ihn da sein, ihm helfen

Herkunft: Mittelalter. Wenn bei den damaligen Reitturnieren ein Ritter vom Pferd fiel, war die Chance gross von einer Lanze durchstossen zu werden. Das wurde „im Stich lassen" genannt.

Immer der Nase nach

Bedeutung: immer dem Geruch entgegen gehen.

Herkunft: Mittelalter. Kanalisation, wie sie die Römer kannten, war in Vergessenheit geraten. Die Fäkalien der Burgbewohner wurden einfach in den Burggraben gekippt. Der strenge Geruch war also schon von weitem zu riechen. Händler und Gaukler jener Zeit mussten auf ihrem Weg zum nächsten Markt also nur dem Gestank folgen.

In die Bresche springen

Bedeutung: für jemanden in einer unangenehmen Situation einspringen, Unterstützung anbieten

Herkunft: aus dem Mittelalter. Bresche bedeutet so viel wie Loch oder Lücke. Bei Angriffen auf eine Burg attackierte man so lange eine Stelle der Mauer, bis ein Loch entstand. Dadurch versuchten die Angreifer ins Burginnere zu gelangen. Dies musste von den Verteidigern verhindert werden, selbst wenn ein tapferer Mensch dafür in die Bresche, also in das entstandene Loch springen musste um sie aufzuhalten.

In die Schranken weisen

Bedeutung: Jemandem seine Grenzen aufzeigen, zurechtweisen, die Meinung sagen

Herkunft: Diese Redewendung ist ebenfalls auf mittelalterliche Turniere zurückzuführen. Die Kampfplätze waren durch Schranken genau aufgeteilt und somit wurden die Ritter in ihre Schranken gewiesen.

In die Schuhe schieben

Bedeutung: jemandem unberechtigt die Schuld für etwas geben

Herkunft: Im Mittelalter schliefen die Handwerksleute oftmals in Herbergen mit Mehrbettzimmern. Da kam es schon mal vor, das etwas entwendet wurde. Die Beute wurde dann gerne im Schuh des Bettnachbarn über Nacht versteckt. Denn sollte der Diebstahl auffliegen und eine nächtliche Untersuchung des Schlafsaales erfolgen, konnte man dem Schuldigen nichts anhaben. Diebstahl wurde mit hohen Geldstrafen, Züchtigung, bis hin zur Todesstrafe belegt. Bei kleineren Delikten wurde der Täter an Ort und Stelle verprügelt.

Ist mir Schnuppe

Bedeutung: ist mir völlig egal, etwas ist absolut unwichtig, bedeutungslos.

Herkunft: Der abgebrannte, verkohlte Teil des Dochtes einer Kerze wird als Schnuppe bezeichnet. Er ist für die Kerze unwichtig, denn weder vergrößert er, noch verschönert er die Flamme.

Jemandem aufs Dach steigen

Bedeutung: sich bei jemandem massiv beschweren.

Herkunft: Im Mittelalter besagte die Rechtssprechung, dass ein jeder Mann unter seinem Dach vollkommen geschützt war. Ohne Erlaubnis des Besitzers durften Fremde nicht das Haus betreten. Diese Regel wurde streng eingehalten, es sei denn, dass Gebäude hatte kein Dach. Menschen, die eine Straftat begangen hatten und sich in ihrem Haus vor dem Gericht versteckten, wurde eine Frist gesetzt, sich zu stellen. Wenn die Zeit um war, fand man eine clevere Möglichkeit, das Recht zu umgehen: Man deckte das Dach des Verbrechers ab. Der Übeltäter konnte aus dem Gebäude, das nun kein schützendes Dach mehr hatte, abgeführt werden.Diese Maßnahme wurde später auch in der Volksjustiz angewandt. Das heißt, wenn es in der Nachbarschaft unsittlich zuging, wurde diesem Ehepaar kurzerhand das Dach abgedeckt. So wurden sie vor dem ganzen Dorf bloßgestellt und sie mussten ihr Dach anschließend alleine wieder aufbauen.

Jemandem das Wasser abgraben

Bedeutung: Jemandem durch Entzug einer wichtigen Lebensgrundlage schaden oder eine wichtige Sache vereiteln

Herkunft: Im Mittelalter hatten Burgen und Schlösser für gewöhnlich zum Schutz einen Wassergraben. Wenn das Wasser abgegraben wurde, war die Burg leichter einzunehmen und quasi ungeschützt. Manchmal wurde auch das Trinkwasser abgegraben, was noch viel dramatischer war. Meist hatten die Burgen jedoch mehrere Brunnen innerhalb der Mauern.

Jemandem nicht das Wasser reichen können

Bedeutung: wenn jemand nicht so gut in einer Tätigkeit ist, wie ein anderer.

Herkunft: Mittelalter. Man aß hauptsächlich mit den Händen, darum knieten sich die Dienstboten nach einem Festmahl neben die Gäste und boten ihnen kleine Schälchen mit Wasser zum Säubern der Finger an. Aber selbst dies war nicht jedem Knecht erlaubt. Wenn ein Dienstbote in der Rangordnung zu weit hinten stand, konnte er jemandem nicht das Wasser reichen.

Jemandem die Daumen drücken

Bedeutung: jemandem Glück bei einem Anlass wünschen

Herkunft: Im Mittelalter wurden die Daumen gedrückt, um Unheil, wie Hexen und Dämonen abzuhalten. Auch bei Gladiatorenspielen im alten Rom konnten die Zuschauer mittels des Daumendrückens für einen Kämpfer um Gnade bitten.

Jemandem einen Korb geben

Bedeutung: Jemanden im Bezug auf die Liebe oder Heirat ablehnen.

Herkunft: Im Mittelalter warben die Herren um ihre Liebste unter ihrem Fenster. Diese ließ dann einen Korb hinunter, um den Angebeteten hochzuziehen. Wenn sie ihn verschmähte, ließ sie zwar den Korb herunter, lockerte aber vorher den Boden, sodass er in die Tiefe fiel oder ließ den Unerwünschten auf halber Höhe einfach hängen. So wurde er am nächsten Tag zum Gespött der Leute. Auch ist belegt, dass im 18.Jahrhundert dem zukünftigen Schwiegervater die Ankunft des Verehrers zur Brautwerbung angekündigt wurde. Somit hatte die Familie Zeit zu Beratschlagen ob der Bewerber angemessen sei. Wenn er abgelehnt wurde, setzte man ein Zeichen, indem ein Korb in den Hofeingang gestellt wurde. Dadurch wusste der Bewerber frühzeitig, dass er chancenlos ist und konnte sich die Blamage einer Absage ersparen.

Jemanden abblitzen lassen

Bedeutung: Jemand tritt mit einem Anliegen an eine Person heran, welche ablehnt. Die Person läßt den Bittsteller „abblitzen".

Herkunft: Bei den frühen Schusswaffen wurde mit Bleigeschossen und Schwarzpulver geladen. Es kam oft zu Fehlzündungen, wobei ein Blitz entstand, aber sich kein Schuss löste.

Jemanden ausstechen

Bedeutung: jemanden übertreffen, überflügeln, übertrumpfen

Herkunft: Im Mittelalter traten die Ritter in Turnieren zu Pferd an. Man versuchte den Gegner mittels Lanze aus dem Sattel zu stechen.

Jemanden zur Minna machen

Bedeutung: Eine Person aufs schärfste tadeln, herunter machen.

Herkunft: Aus früheren Zeiten wurden die häufig wechselnden Dienstmägde nicht mit ihrem richtigen Namen angesprochen wurden, sondern vereinfacht immer als Minna. Diese Dienstmädchen wurden oftmals schlecht behandelt. Darum macht man jemanden zur Minna, mit dem man kräftig schimpft.

Kein Blatt vor den Mund nehmen

Bedeutung: Offen seine Meinung äussern.

Herkunft: Schauspieler hielten sich schon im 13. Jahrhundert Blätter vor den Mund, um bei frechen Bemerkungen oder Kritik unerkannt zu bleiben. In Theaterstücken ging man schonungslos mit Staatsmännern und Königen um. Die Schauspieler nutzten die Blätter als eine Art Maske. Einige Mutige nahmen allerdings auch damals schon „kein Blatt vor den Mund".

Keinen Bock haben

Bedeutung: keine Lust auf etwas haben, etwas nicht wollen, unmotiviert sein.

Herkunft: Die Redensart „keinen Bock haben" leitet sich ursprünglich von dem romanischen Wort bokh ab und bedeutet Hunger. Anfang der 80er Jahre wurde diese Redensart überwiegend in der Jugendsprache angewandt. Die lustlose Haltung prägte den Begriff Null-Bock-Generation.

Liebe geht durch den Magen

Bedeutung: Durch eine liebevoll zubereitete Mahlzeit kann man seine Zuneigung ausdrücken, gemeinsames Kochen und Verzehren stärkt die Beziehung.

Herkunft: In den Zeiten, als die Rollenverteilung noch sehr strikt war, sollte die Ehefrau ihren Liebsten mit selbstgekochten oder gebackenen Leckereien verwöhnen, damit er zufrieden war. 1928 fand sich diese Redewendung bereits im Benimmbuch von P. und A. Von Reznicek: „Und die Liebe geht doch durch den Magen! Wie nah verwandt und voneinander abhängig das Geistige und das Leibliche sind…" Sinnliche Freuden aktivieren Glückshormone. Schon in der Antike wurde speziellen Lebensmitteln wie Spargel und Muscheln, Erdbeeren und Trauben, verschiedenen Gewürzen nachgesagt, erotisierend zu wirken, die Sinne zu betören und für Durchhaltevermögen zu sorgen. Ein entspanntes Essen zu Zweit ist allemal der ideale Einstieg für einen anregenden Abend.

Mein lieber Scholli

Bedeutung: Ausruf des Erstaunens, der Empörung oder der Erleichterung

Herkunft: Scholli soll sich aus dem französischen Wort „Joli" gebildet haben, was hübsch oder nett bedeutet. „Mein lieber Scholli" soll also mein lieber Hübscher heissen.
Auch soll es einen Herrn Namens Ferdinand Joly (1765 -1823) gegeben haben, der ein lebhaftes Vagabundenleben führte und sich nicht darum scherte was andere dachten.

Mir fällt ein Stein vom Herzen

Bedeutung: Ausdruck von Erleichterung, wenn eine Last von einem genommen wird.

Herkunft: seit dem 15. Jahrhundert. Die Belastung durch ein Problem, einer Sorge oder einer Last kann ein beklemmendes, bedrückendes Gefühl auf der Brust erzeugen. Befreit man sich davon „fällt ein Stein vom Herzen".

Mit allen Wassern gewaschen

Bedeutung: Wenn jemand mit allen Wassern gewaschen ist, ist er clever, gewitzt aber auch ein wenig durchtrieben. Meist wird diese Redewendung benutzt, wenn sich jemand aus einer Situation heraus gemogelt hat und ist nicht als Kompliment zu verstehen.

Herkunft: Aus der Seemannsprache. Seeleute kamen viel herum, sahen verschiedene Länder und Kulturen. Sie sammelten Eindrücke und Erkenntnisse und waren dadurch häufig gewitzter als die einfachen Bauern. In schwierigen Situationen konnten sich sich darum oft heraus schummeln. Weil sie schon alle Meere gesehen hatten, waren sie mit allen Wassern gewaschen.

Mit ihr/ihm ist nicht gut Kirschen essen

Bedeutung: Wenn man mit einer Person nicht gut auskommt.

Herkunft: Mittelalter.
Ursprünglich: „Mit hohen Herren ist nicht gut

Kirschen essen".

Nur die Reichen konnten sich den Verzehr von Kirschen leisten. So trafen sie sich mit anderen Wohlhabenden zum Kirschenessen. Sollte ein ungeladener Gast enttarnt werden, wurde dieser mit den Kirschkernen bespuckt. Mit ihm war also „nicht gut Kirschen essen".

Mit Kind und Kegel

Bedeutung: alle Familienmitglieder sind dabei

Herkunft: mit Kegeln wurden im Mittelalter die unehelichen Kinder des Hausherren bezeichnet. Somit nahm man also seine unehelichen Kinder mit, wenn man „mit Kind und Kegel" wegging.

Nachtigall ick hör dir trapsen

Bedeutung: deutlich spürbar worauf etwas hinausläuft, man merkt, was beabsichtigt ist

Herkunft: aus einem alten Volkslied stammend, wurden zwei Zeilen zusammen gelegt. „Nachtigall ich hör dich singen" und „Nachtigall ich seh dich laufen". Trapsen ist der Berliner Ausdruck für geräuschvolles Gehen und „ich" wird zum „ick".

Eine laut durch den Wald laufende Nachtigall würde Aufmerksamkeit erregen. Somit bemerkt man, dass etwas nicht stimmt. Man durchschaut die Situation oder eine Person.

Nicht lange fackeln

Bedeutung: sofort handeln, nicht abwarten oder zögern.

Herkunft: Von einer Flamme, einer Fackel abgeleitet. Diese bewegt sich unruhig hin und her, flackert unstet. So steht es synonym für zweifeln

und zögern. Wer nicht lange fackelt, ist ein entschlossen Handelnder.
1854 im Grimmschen Wörterbuch: „Jemand werde nicht fackeln, ihm das Lebenslicht auszublasen".

Nicht von gestern sein

Bedeutung: über Lebenserfahrung verfügen, einen scharfen Verstand haben, fortschrittlich, modern, pfiffig und clever sein

Herkunft: altes Testament. Hiob 8,9: "…denn wir sind von gestern hier und wissen nichts; unser Leben ist ein Schatten auf Erden."

Nur Bahnhof verstehen

Bedeutung: Jemand versteht nichts oder möchte nichts verstehen

Herkunft: unklar. Es wird vermutet, dass nach dem Ende des 1. Weltkrieges die Soldaten nur noch nach Hause zurückkehren wollten. Dazu mussten sie an den Bahnhof. Wenn jemand sie auf ein anderes Thema als die Heimreise ansprach, kam als Antwort: „Ich verstehe immer nur Bahnhof", denn sie wollten über nichts anderes mehr nachdenken oder sprechen, als ihre Heimreise.

Pech gehabt

Bedeutung: ein erfolgloses Ergebnis.

Herkunft: Im Mittelalter wurden feindliche Angreifer einer Burg mit Pech übergossen. Die Unversehrten kehrten zurück zu ihren Befehlshabern und berichteten, dass sie es nicht geschafft hatten die Burg zu erobern. Sie hatten „Pech gehabt".

Perlen vor die Säue werfen

Bedeutung: jemand der etwas Wertvolles nicht angemessen zu schätzen weiss.
Wenn man „Perlen vor die Säue wirft", wäre das eine Vergeudung. Sie würden deren Wert nicht erkennen und sie vielleicht wie Brotkrumen fressen.

Herkunft: Bibel. Evangelium nach Matthäus (Mt 7,6). „Gebt das Heilige nicht den Hunden und werft eure Perlen nicht den Schweinen vor, denn sie könnten sie mit ihren Füßen zertreten und sich umwenden und euch zerreißen." Seit dem 12.Jahrhundert im Gebrauch.

Schlitzohr

Bedeutung: Ein gerissener, ausgekochter, cleverer Mensch.

Herkunft: Der Begriff entspringt den Handwerkszünften in früheren Zeiten. Wenn ein Geselle sich etwas zu Schulden kommen ließ, wurde ihm zur Strafe der Ohrring herausgerissen. Somit war er für spätere Arbeitgeber gekennzeichnet.

Schmetterlinge im Bauch

Bedeutung: der Zustand des Verliebtseins mit Kribbeln im Bauch, Nervosität, übergroßem Glücksgefühl

Herkunft: 1908 verwendete die amerikanische Schriftstellerin Florence Converse die Formulierung „butterflies in the stomach" erstmals in ihrem Roman „House of Prayers" und erschuf somit eine romantische Floskel für das verliebte Kribbeln im Bauch.

Sein Fett abbekommen

Bedeutung: bekommen, was man verdient, seine gerechte Strafe erhalten.

Herkunft: Bei Schlachtungen wurde unter den Familienangehörigen das Fleisch und das etwas unbeliebtere, schwer verdauliche Fett aufgeteilt. Jeder bekam vom Familienoberhaupt genau das, was ihm zustand.

Sein Licht unter den Scheffel stellen

Bedeutung: Man sollte zeigen was man kann und nicht zu bescheiden sein.

Herkunft: Biblisch

Der Ausdruck "sein Licht unter den Scheffel stellen" stammt aus der Bibel und zwar aus Jesus' berühmter Bergpredigt. „Man zünde auch nicht eine Lampe an und setzt sie unter den Scheffel, sondern auf das Lampengestell, und sie leuchtet allen, die im Hause sind" (Matthäus 5:14). Jesus wollte mit dem Ausspruch seine Zuhörer ermutigen, seine Botschaft weiterzugeben und nicht "unter dem Scheffel" zu halten.

Ein Scheffel ist ein Behälter, ein Hohlmaß mit dem früher Getreide abgemessen und transportiert wurde. Stellt man nun eine Lampe unter einen Scheffel, ist von deren Licht nichts mehr zu sehen. Im übertragenen Sinne bedeutet die Redensart also "zeig anderen, was du kannst und weißt, sei nicht zu bescheiden!"

Jesus wollte mit dem Ausspruch übrigens seine Zuhörer dazu bewegen, seine Botschaft weiterzugeben und nicht "unter dem Scheffel" zu halten.

Sich etwas aus dem Ärmel schütteln

Bedeutung: etwas mit Leichtigkeit schaffen, etwas ohne Anstrengung machen.

Herkunft: Mittelalter
Bis ins 15.Jahrhundert trugen die Menschen Gewänder mit weiten Ärmeln die sie gleichzeitig als Taschen benutzten.

Sich etwas hinter die Ohren schreiben

Bedeutung: Jemand soll sich etwas gut merken.

Herkunft: Im Mittelalter gab es noch keine schriftlichen Vereinbarungen. Wenn es darum ging Geschäfte zu beschließen, wie z.B. Grenzen der Felder abzustecken, wurden die Kinder der Vertragspartner als Zeugen mitgenommen. An jedem Grenzpunkt bekamen diese eine Ohrfeige. Man glaubte das sich der Mensch an das was mit Schmerz verbunden ist, besonders lange erinnert. Diese Redewendung wird heute meist im Zusammenhang mit einer Rüge oder einem Tadel verwandt.

Sich ins gemachte Nest setzen

Bedeutung: ohne eigene Leistung, aber durch die harte Arbeit anderer in eine bequeme Position versetzen, von etwas profitieren, was andere aufgebaut haben.

Herkunft: Aus dem Vogelreich. Im Frühling errichten Vogeleltern ihre Nester, was harte Arbeit bedeutet. Der Kuckuck profitiert daraus, indem er seine Eier in das bereits gemachte fremde Nest legt, anstelle selbst eins zu bauen.

Sich mit fremden Federn schmücken

Bedeutung: Sich mit Taten brüsten, die Verdienste anderer sind. Man erschleicht sich also Anerkennung und Lob für Dinge, die man gar nicht getan hat.

Herkunft: Beruht auf einer Fabel des römischen Dichters Phaedrus. In dieser schmückt sich eine Krähe mit gefundenen Pfauenfedern. Die Pfaue finden das nicht amüsant und rupfen der Krähe die angesteckten fremden Federn mit samt den eigenen aus. Nun sieht die Krähe weitaus schlimmer aus als zuvor. Moral: Mit fremden Federn schmückt man sich nicht!

Sich verzetteln

Bedeutung: sich nicht auf das Wesentliche konzentrieren, sich ablenken lassen von Nebensächlichem, den Überblick verlieren.

Herkunft: althochdeutsch: „zetten" was soviel wie verstreuen, ausbreiten bedeutet. Daraus entstand im 16. Jahrhundert „verzetteln".

Sich wie ein Backfisch benehmen

Bedeutung: Wird jemand als Backfisch bezeichnet, bezieht sich das vor allem auf junge Mädchen, die für ihr Alter noch unreif sind und sich albern verhalten.

Herkunft: aus der Fischerei des 20. Jahrhunderts. Zu kleine Fische werden zurück ins Wasser geworfen, aus dem englischen abgeleitet „back fish".

Spießrutenlauf

Bedeutung: eine Situation, in der man nicht gerechtfertigt starke Gegenwehr von anderen Personen oder Behörden bis hin zu Schikane erfährt.

Herkunft: Spießrutenlaufen war bis ins 19.Jahrhundert eine Leibesstrafe im Militär, die von einfachen Soldaten für verschiedenartige Vergehen ausgeführt und durch das Kriegsgericht verhängt wurde.

Im 15./16. Jahrhundert wurde eine Gasse mit Soldaten wurde gebildet, diese waren mit Lanzen bewaffnet. Der Schuldige musste durch diese Gasse laufen, während seine Kameraden mit ihren Lanzen zustachen und ihn hinrichteten.

Im 18./19. Jahrhundert wurde der Verurteilte langsam mit freiem Oberkörper durch die Gasse von mehreren hundert Soldaten geführt. Diese hatten Weidenruten (Spießruten) mit denen jeder einzelne ihm einen Schlag verpasste. Beide Vorgehensweisen wurden als ehrenhafte militärische Strafe angesehen.

Steinreich sein

Bedeutung: sehr wohlhabend, reich sein

Herkunft: im Mittelalter konnten sich nur sehr vermögende Menschen ein Haus aus Stein bauen, die meisten lebten in Lehm-oder Holzhütten. Wer also ein Haus aus Stein hatte, war steinreich.

Süßholz raspeln

Bedeutung: jemandem auf übertriebene Art und Weise schmeicheln, Honig um den Mund schmieren, meist um eine Gegenleistung zu erzielen.

Herkunft: Die Süßholzwurzel wurde geraspelt und zum Süßen verwendet und ist fünfzig mal so süß wie Rohrzucker. Wenn man Süßholz raspelt, möchte man somit etwas versüßen. Wer etwas ganz besonderes an einem Menschen hervorheben möchte, ein großes Kompliment machen will, raspelt Süßholz.

Torschlusspanik

Bedeutung: Angst zu spät zu sein, kurz vor Fristablauf.

Herkunft: Im Mittelalter wurden bei Sonnenuntergang die Tore der Stadtmauer geschlossen, um die Sicherheit der Bürger zu gewähren.

Über den Berg sein

Bedeutung: Eine Krise oder eine schwere Krankheit überwunden zu haben. Soll heißen, das Schlimmste ist geschafft.

Herkunft: Beim Erklimmen eines Gipfels ist der Aufstieg der schwierigste Teil, wenn man erst einmal über den Berg hinweg ist, geht es leichter voran.

Unter der Haube sein

Bedeutung: eine Frau verheiraten.

Herkunft: Mittelalter. Den ledigen Mädchen war es erlaubt, ihr Haar offen zu tragen. Die verheirateten Frauen hingegen, trugen ab ihrer Hochzeit ihr Haar geflochten und unter einer Haube versteckt.

Unter einer Decke stecken

Bedeutung: Zwei oder mehrere Personen arbeiten im geheimen Zusammen. Sie halten etwas verborgen von dem keiner wissen soll.

Herkunft: Das germanische Eherecht. Es galten zwei Liebende als Ehepaar, wenn sie sich gemeinsam unter Zeugen unter eine Decke begaben. Es bezieht sich der Ausdruck aber auch auf Kameraden, die auf Grund von Platzmangel das Nachtlager teilten und unter einer Decke schlafen mussten.

Wie im Schlaraffenland leben

Bedeutung: Es bedeutet im Überfluß zu leben und um nichts sorgen zu müssen

Herkunft: 14. Jahrhundert. Man erfand für das Paradies einen Namen, welcher sich aus dem Wort „slur" Faulpelz und „affe" für Narr zusammensetzte. „Sluraffe" stand für einen gefräßigen, faulen Menschen. Daraus wurde durch Lautverschiebung „Schlauraffe" und später „Schlaraffe", somit das heutige Schlaraffenland. Im 16. Jahrhundert verfasste der Dichter Hans Sachs ein Gedicht namens „Schlaraffenland". Auch in zahlreichen Märchen wird vom Schlaraffenland, in dem Flüsse aus Milch und Honig fließen und Brathähnchen durch die Luft fliegen erzählt.

Etwas in den falschen Hals bekommen

Bedeutung: einen Sachverhalt falsch interpretieren und deshalb negative Gefühle entwickeln.

Herkunft: Wenn man sich verschluckt und Flüssiges oder Speiseteile in die Luftröhre statt in die Speiseröhre gelangen, dann ist das unangenehm und ärgerlich. Dann hat man etwas in den falschen Hals bekommen. Es ist nicht bekannt, seit wann diese Redewendung gebräuchlich ist.

Capt. Swings Geheime Bibliothek

Wer war Capt. Swing? Woher stammt die Bibliothek und wo ist sie? Fragen, die sich unsere Leser stellen und die wir nur nach und nach beantworten können.

Folgen Sie uns auf unserer Webseite und den sozialen Medien:

www.captswing.jimdofree.com

 captswings

 captswings

 @CaptSwings

„Eine gute Tasse Kaffee" Heute kommt sie auf Knopfdruck aus einem Automaten und jede Tasse schmeckt gleich. Wieviel Arbeit hinter der Herstellung steckt; warum es besser ist, für weniger Geld als ein Kapsel kostet, exklusiven Kaffee zu trinken und wie unterschiedlich Kaffee bereitet werden kann; das alles erfahren Sie in dem kleinen Buch unseres Autorenteams Melanie Koßmann und Yürgen Oster.

Paperback 128 Seiten 12.- €

ISBN 9 783756 838738

Kosmetik - selbst gemacht

Es gibt viele gute Gründe, Kosmetik selbst zu machen.

Paperback 140 Seiten 9,95 €
ISBN 9 783755 716587

Altes Brot

Man kann alte Brotreste in Vorspeisen, Hauptgerichten, Beilagen sowie Desserts hervorragend weiter verwerten.

Paperback 110 Seiten 9,95 €
ISBN 9 783755 700920

Das kleine Bruschetta-Buch

Es gibt unzählige Variationsmöglichkeiten, von einfach bis extravagant, von traditionell bis zu Gourmet-Crostinis.

Paperback 96 Seiten 9,95 €
ISBN 9 783755 701279

Liköre - selbst gemacht

Selbst gemachter Likör ist immer ein wundervolles Geschenk aus der Küche, welches von Herzen kommt!

Paperback 88 Seiten 8,95 €
ISBN 9 783755 715504

Märchen aus aller Welt
Band 1 Asien
20 außergewöhnliche Märchen von Japan bis in die Türkei
Paperback 108 Seiten 9,95 €
ISBN 9 783755 748977

Latein für Alle
Wozu Latein? Nun, um sich wichtig zu tun? Oder Wichtigtuer zu verstehen.
Paperback 70 Seiten 7,95 €
ISBN 9783755700265

Kürbis
Die 50 besten Rezepte
Mit Kürbis kann man fast alles machen.
Paperback 120 Seiten 9,95 €
ISBN 9783756822508

Die kleine Natron und
Backpulver Fibel

Paperback 72 Seiten 8,50 €
ISBN 9783756218158

Das unmögliche Ausmalbuch
100 geometrische Figuren, die dich in
den Wahnsinn treiben

Paperback 110 Seiten 9,95 €
ISBN 9 783755 736875

**Die 50 besten
Streichholz Rätsel**
Gut gegen Langeweile

Paperback 78 Seiten 8,95 €
ISBN 9 783755 780618

**Yi Jing Das chinesische Weis-
heits- und Orakelbuch**
Über 3000 Jahre gesammeltes
Wissen.
Paperback 88 Seiten 9,95 €
ISBN 9 783755 716594

**Achtsamkeit
30 Methoden Dein Leben zu
verbessern**
Paperback 78 Seiten 8,95 €
ISBN 9783755761617

Das LSD Tattoo
und andere urbane Legenden
die zu schön sind, um wahr zu
sein.

Paperback 72 Seiten 7,95 €
ISBN 9783755710998

Ballonspiele
Du kennst mich schlaff, du kennst
mich rund, ich mache alle Feste bun-
t.Jetzt hol tief Luft und pust´ mich
auf, denn spielen kannst du mit mir
auch!

Paperback 72 Seiten 7,95 €
ISBN 9783755716587

Capt. Swings Geheime Bibliothek